Sieglinde Mertlitz

ESSperimente *mini*

Mehr Fantasie für Pausenbrot und Kinderfest

Gedruckt auf LuxoSamtoffset
Schrift: Frutiger 45 Light, 9 Punkt
Titel: Caflisch Script, 32 Punkt

Alle Fotos stammen aus dem Archiv der Autorin.

Gesamtherstellung: Druckerei Theiss GmbH, A-9431 St. Stefan
Printed in Austria
ISBN 978-3-7084-0533-9

Sieglinde Mertlitz

ESS mini perimente

Mehr Fantasie für Pausenbrot und Kinderfest

VERLAG johannes heyn

Gemeinsame Mahlzeitengestaltung in der Familie

Schon frühzeitig sollten Kinder die verschiedenen Küchenfertigkeiten kennen lernen. Als Einstieg zum Üben und Lernen bietet sich idealerweise die Jausenzubereitung an.

Lassen Sie die Kinder unter Ihrer Aufsicht einfache Handgriffe (Schneiden, Ausstechen, Belegen, Umrühren, Formen ...) übernehmen, so wecken Sie Interesse und Appetit auf Neues schon bei den Kleinen.

Holen Sie die Meinungen der Kinder, z. B. beim Abschmecken, bei ergänzenden Zutaten, beim Anrichten und Garnieren, ein. So können Sie ihre Sinne schulen und ihre Kreativität fördern. Durch das gemeinsame Zubereiten von Speisen lernen die Kinder partnerschaftliche Arbeitsteilung und erleben ein familiäres Gemeinschaftsgefühl.

Übersehen Sie großzügig, wenn zu Beginn Chaos in der Küche herrscht und die Zubereitungszeit sich durch die „Mithilfe" der Kinder verlängert: „Es ist noch kein Meister vom Himmel gefallen" und „die Ernte wird erst später eingefahren!"

Kriterien zur Auswahl von Zwischenmahlzeiten

Die Menge macht's

Das Wort Zwischenmahlzeit sagt schon vieles aus. Es bedeutet nicht das Essen großer Mengen. Schon ein Stück Obst, ein Becher Jogurt, eine Scheibe Brot mit Belag oder ein Milchmixgetränk gelten als Zwischenmahlzeit. Der Volksmund sagt: „Ein voller Bauch studiert nicht gern!"

Der Umfang der Jause sollte auf die jeweiligen Bedürfnisse abgestimmt werden und es sollte genügend Zeit zum Genießen eingeräumt werden. Bei Obst und Gemüse ist das Maß für eine Portion die eigene Hand: Eine Handvoll ist die Menge, die zum Alter passt.

Eine Zwischenmahlzeit sollte ca. 10 % des Tagesenergiebedarfes ausmachen, das sind im Durchschnitt ca. 180 bis 200 Kalorien. Diese Mengen sind bereits enthalten in

1 Portion Müsli mit Milch und einer Portion Obst

oder

1 Vollkornbrot mit Kräuteraufstrich und einem Stück Gemüse.

Eintönigkeit bei der Jausengestaltung gilt es zu vermeiden, denn nach dem dritten Mal hintereinander wird auch die Lieblingsjause fad und die Kinder suchen Ersatz bei Süßigkeiten.

Ökologische und ökonomische Überlegungen beim Einkauf

Bei der Jausenzusammenstellung sollte neben der Nahrungsmittelvielfalt auch das saisonale und regionale Lebensmittelangebot berücksichtig werden. Bei Obst und Gemüse zahlt es sich im wahrsten Sinne des Wortes aus, die Marktschwemme auszunützen. Und man kann einen wertvollen Beitrag für den Klimaschutz leisten, wenn man heimische Produkte aus biologischer Landwirtschaft bzw. Fair-Trade-Produkte bevorzugt.

Vorausschauende Planung, überlegter Einkauf und sinnvolle Vorratshaltung tragen zur Kostenminimierung bei den (Zwischen-) Mahlzeiten bei und erleichtern noch dazu die alltägliche Jausengestaltung. Dieser Gesichtspunkt wurde auch bei der Rezeptauswahl berücksichtigt. Vor allem Brot und Gebäck kann auf Vorrat gebacken und tiefgefroren werden.

Getränke und Lebensmittel für eine optimale Zwischenmahlzeit

Sehr empfehlenswerte, alltagstaugliche Jause

Macht müde Geister munter!

Wasser, Mineralwasser, verdünnte Obst- und Gemüsesäfte, kalter Früchte- oder Kräutertee

Vollkorn- oder Mehrkornbrot, Roggenbrot, Schwarzbrot, Knäckebrot

Vollkorngebäck

Mäßig Butter oder Frischkäse als Belag bzw. Brotaufstrich

Haferflocken oder andere Getreideflocken als Basis

Magere Wurst, Schinken, magerer Käse

Topfenaufstriche mit viel frischen Kräutern, selbstgemacht

Obst und Gemüse der Saison – Sortenvielfalt nutzen!

Nüsse, Samen und Kerne (Studentenfutter)

Milch und Milchprodukte (Grundprodukte wie Vollmilch, Buttermilch, Molke, Naturjogurt, Acidophilusmilch etc., bei Bedarf fettreduziert), Schulmilchaktion nützen!

Energieliefernde Süßspeisen/Naschereien aus Vollkornmehl, Trockenfrüchten etc.

Salate auf Getreide- oder Nudelbasis mit Gemüse und fettarmer Marinade

MERKE:

Ein kalorienarmes Getränk gehört zu jeder Pause.

Grundnahrungsmitteln sowie Obst und Gemüse der Saison den Vorzug geben!

Energieliefernde, ballaststoffreiche „Snacks" selbst herstellen!

Die Jause und das Getränk von zu Hause mitnehmen.
Bei Projekttagen die Jause mit den Kindern vor Ort zubereiten.

Weniger empfehlenswerte Jause für den Ausnahmefall

Macht schlapp und müde!

Limonaden jeglicher Art, gezuckerte Fruchtsaftgetränke, Eistee, Energy-Drinks, kaffeehältige Getränke

Weißbrot und Gebäck aus Auszugsmehl

Gebäck aus Plunder- oder Blätterteig

Zu viel Butter oder Margarine als Brotaufstrich

Zuckerhältige Fertigmüslimischungen, zucker- und/oder schokoladehältige Cerealien wie Flakes, Pops etc.

Fette Wurstsorten, Speck, Leberkäse, fettreiche Käsesorten

Fertigaufstriche (auf versteckte Fette achten!)

Süßigkeiten, Zuckerln, Lutscher etc.
(auch aus zahnhygienischen Gründen abzulehnen!)

Salzige Knabbereien, Chips etc.

Hoch verarbeitete Milchprodukte mit hohem Fett- bzw. Zuckergehalt (Etiketten lesen!), speziell umworbene Kinderlebensmittel auf Milchbasis

Sehr süße und fetthältige Mehlspeisen, Schokoladen, Schokoriegel

Fertigsalate mit fettreichem Dressing oder Majonäse

BEACHTE:

Getränke, denen Zucker und/oder Coffein zugesetzt wurde, sind keine Durstlöscher.

Hoch industriell verarbeitete Produkte eher meiden! Bei Fertigprodukten hat man keinen Einfluss auf die Zusammensetzung!

Supermärkte, Bäckereien, Schulkantinen etc. verleiten zum Kauf von Mehlspeisen, Süßigkeiten und Limonaden.

Tipps, damit die Jause nicht im Papierkorb landet

Es gibt viele Pausenbrote, die einfach in den Papierkorb geworfen werden. Damit es nicht so weit kommt, sollten die Kinder bei der Auswahl mitbestimmen und bei der Zubereitung mitarbeiten dürfen.

Immer die gleiche Jause?

- Sorgen Sie für Abwechslung in der Pausenbrotgestaltung und berücksichtigen Sie die Wünsche der Kinder. Kleinkinder freuen sich, wenn die Brote in Häppchen oder Tierfiguren geschnitten werden.
- Greifen Sie auf der Suche nach etwas Besonderem für das Pausenbrot nicht nach nährstoffarmer Fertigkost oder Süßigkeiten. Legen Sie als Überraschung regelmäßig frisches Obst oder Gemüse zur Jause oder gestalten Sie sie mit einem selbstgemachten „Energielieferanten" wie Müslischeiben oder Energiebällen abwechslungsreich.

Hat die Jause geschmeckt?

- Holen Sie Rückmeldungen bei den Kindern ein und nehmen Sie bei Bedarf Änderungen in der Jausengestaltung vor.

War die große Jause richtig für die kurze Pause?

- Kinder wollen nicht die ganze Pause lang essen, die Pause soll auch der Bewegung dienen.
- Geben Sie nicht zu viel mit, weniger ist mehr, denn die Jause sollte nur eine Zwischenmahlzeit sein!
- Reste zurückbringen lassen, denn Kinder essen nicht jeden Tag gleich viel.

War der Belag zu trocken oder zu feucht?

- Bei trockenem Belag sorgt Naturjogurt für eine cremigere Konsistenz.
- Stark wasserhältiges Gemüse wie Tomaten- oder Gurkenscheiben nicht direkt auf das Brot legen, sondern als Trennschicht etwas Butter aufstreichen, Käse oder Salatblätter einlegen.

Wurde etwas anderes gegessen?

- Vor allem ältere Schüler kaufen am Weg zur Schule oder in der Schulkantine ein. Die beinah unüberschaubare Angebotspalette an Fast-Food-Speisen, Limonaden und Süßigkeiten tritt immer häufiger in Konkurrenz zur optimalen Jause. Darüber sollten Sie mit den Kindern sprechen. Vernünftige Argumente und Aufklärung sind sinnvoller als Verbote.

Tipps, damit die Jause sicher ankommt

Auch Kinder essen mit den Augen. Ein schön polierter Apfel wird lieber gegessen und eine saubere Jausenbox mit bunter Serviette ist appetitanregender als eine zerknitterte Alufolie oder ein Werbe-Plastiksackerl, in dem die Jause zu „schwitzen" beginnt und zäh wird.

- **Jausenbrote/Gebäck** entweder direkt in flache Plastikbehälter geben oder zusätzlich noch mit Jausenpapier (Butterbrotpapier) einwickeln. So gibt es keine Fettspuren und die Brote können nicht zerdrückt werden. Verzichten Sie der Umwelt zuliebe auf Alufolie. Aufstriche und Brot können auch getrennt verpackt zur Jause mitgegeben werden. Jausenboxen in verschiedenen Größen sind eine einmalige Anschaffung, machen sich aber „bezahlt".

- **Jogurtbecher** stellen immer ein gewisses Risiko dar und der Inhalt kann leicht auslaufen. Füllen Sie Jogurt entweder in bruch- und auslaufsichere Behälter um oder geben Sie den ganzen Becher in ein entsprechendes Plastikgefäß mit Schraubdeckel.

- **Obst und Gemüse** je nach Sorte gründlich waschen und mit einem Geschirrtuch trocken reiben. Für kleinere Kinder können Sie entsprechende Obst- und Gemüsesorten putzen und in mundgerechte Stücke schneiden.

- **Salate auf Getreide- oder Nudelbasis, Müslis** usw. am besten in gut verschließbaren Kunststoffbehältern oder Gläsern mit Schraubdeckel transportieren. Das Besteck in eine Papierserviette einrollen. Marinierte Blattsalate eignen sich nicht als Mitnehm-Imbiss für die Pause!

- **Getränke** (jedoch keine kohlensäurehältigen) in gut schließenden Trinkflaschen mitgeben oder die Flaschen in der Schule mit frischem Wasser füllen lassen.

Avocado-Aufstrich

Zutaten
für 6–8 Kinder

1 reife Avocado

½ kleine Zwiebel
1 EL Zitronensaft
4 EL Sauerrahm
1 Knoblauchzehe, gepresst

Salz
Pfeffer

ZUM GARNIEREN:
1 kleine Tomate
Kräuter der Saison

1. Reife Avocado halbieren, entkernen und das Fruchtfleisch herausholen. Mit einer Gabel fein zerdrücken.
2. Zwiebel kleinwürfelig schneiden und mit allen anderen Zutaten zur Avocado geben. Masse gut vermengen und abschmecken.
3. Aufstrich anrichten und garnieren.

Tipp

Eine reife Avocado erkennt man an ihrer Konsistenz. Sie soll sich weich angreifen. Harte Früchte kann man bei Zimmertemperatur nachreifen lassen.

Wegen ihres hohen Eiweiß- und Fettgehaltes wird die Avocado auch „Butterfrucht" genannt. Das Fett der Frucht besteht weitgehend aus wertvollen, mehrfach ungesättigten Fettsäuren.

Bunter Hüttenkäse

Zutaten

für 6–8 Kinder

¼ grüne Paprika
¼ rote Paprika
¼ gelbe Paprika
¼ – ½ Bund Schnittlauch

200 g Hüttenkäse oder
Cottage Cheese

Salz
Pfeffer
Paprikapulver

ZUM GARNIEREN:
Paprikawürfel oder -streifen

1. Paprika gründlich waschen und kleinwürfelig schneiden. Schnittlauch waschen und in feine Röllchen schneiden.
2. Hüttenkäse in eine Schüssel geben. Paprikawürfel und Schnittlauch dazu geben und alles gut verrühren.
3. Aufstrich würzen und abschmecken. Mit Paprikawürfel oder -streifen garnieren.

Tipp

Lustige Tischsets, eine nette Tischdekoration und eine bunte Vielfalt an Lebensmitteln laden auch bei Zwischenmahlzeiten zum Probieren und Genießen ein.

Thunfisch-Aufstrich

Zutaten

für 6–8 Kinder

2 Eier
1 Dose Thunfisch, natur
1 mittelgroße Essiggurke

250 g Magertopfen (Magerquark)
Kräutersalz
Pfeffer
¼ TL Senf
¼ TL Sardellenpaste
1 EL gemischte Kräuter der Saison

1. Eier 10 Min. hart kochen, abschrecken, schälen und auskühlen lassen.
2. Thunfischwasser abgießen, den Fisch in eine Glasschüssel geben und mit einer Gabel zerkleinern.
3. Essiggurke und ein Ei kleinwürfelig schneiden.
4. Magertopfen, klein geschnittene Zutaten und Gewürze zum Thunfisch geben und alles gut vermengen. Aufstrich abschmecken, anrichten und mit dem zweiten Ei sowie frischen Kräutern garnieren.

Tipp

Die abwechslungsreiche Vormittagsjause zu Hause, im Kindergarten oder in der Schule stockt die verbrauchten Reserven wieder auf und beugt einem Leistungstief vor.

Liptauer

Zutaten

für 6–8 Kinder

80 g weiche Butter
250 g Magertopfen (Magerquark)
½ kleine Zwiebel
je ¼ Bund Schnittlauch und Petersilie

1–2 EL Paprikapulver
½ TL Kapern
½ TL Sardellenpaste
½ TL Senf
1 Msp. Kümmel, gemahlen
Salz
Pfeffer

1. Butter flaumig rühren. Topfen dazugeben und gut verrühren.
2. Zwiebel fein hacken. Schnittlauch in feine Röllchen schneiden und Petersilie hacken.
3. Kräuter und die angegebenen Gewürze unter die Topfenmasse mischen.
4. Aufstrich abschmecken und anrichten.

Tipp

Der Aufstrich schmeckt noch intensiver, wenn er 1–2 Stunden vor dem Verzehr im Kühlschrank durchziehen (= rasten) kann. Beim Lebensmitteleinkauf sollten Qualität und Frische sowie die Einfachheit der Zutaten an erster Stelle stehen.

Tomaten-Aufstrich

Zutaten

für 6–8 Kinder

500 g Tomaten
½ Zwiebel
1 kl. Bund Basilikum
125 g Magertopfen (Magerquark)
125 g Gervais oder Frischkäse
Salz
Pfeffer

1. Tomaten waschen und kreuzweise einschneiden. Tomaten ins kochende Wasser geben, 1–2 Min. blanchieren (= kochen) und kalt abschrecken.

2. Tomaten enthäuten, halbieren und Kerne mit einem kleinen Löffel entfernen. Fruchtfleisch würfelig schneiden. Zwiebel schälen, halbieren und kleinwürflig schneiden. Basilikum waschen (einige Blätter für die Garnitur zur Seite legen) und grob hacken.

3. Topfen und Gervais gut verrühren. Tomaten- und Zwiebelwürfel sowie Basilikum und die Gewürze dazugeben. Alles gut vermengen. Aufstrich abschmecken und anrichten. Mit Tomatenspalten sowie Basilikum garnieren.

Tipp

Geringe Restmengen von Topfen oder Frischkäse sowie Gemüse und Kräutern sind ideal für die Herstellung kleiner Aufstrichmengen.

Vital-Burger

Zutaten

für 1 Burger

1 Tomate
¼ grüne Paprika

1 Salatblatt
¼ Bund Schnittlauch
1 EL Sauerrahm
Kräutersalz

1 Vollkornsemmel
1 EL Butter oder Magertopfen

1 große Scheibe Käse
(Gouda, Mozzarella …)

1. Tomate und Paprika gründlich waschen, halbieren und in Streifen bzw. Scheiben schneiden.
2. Salatblatt waschen und gut abtropfen lassen.
3. Schnittlauch waschen, abtropfen lassen und in feine Röllchen schneiden. Sauerrahm, Schnittlauch und Kräutersalz vermischen.
4. Vollkornsemmel halbieren und mit Butter oder Topfen dünn bestreichen. Mit Käse, Tomatenscheiben, Paprikastreifen und Salatblatt belegen.
5. Mit Kräuterrahm abschließen und die zweite Seite des Brotes darüber legen.

Tipp

Gemüse und Blattsalate der Saison verwenden und die Lieblingsgemüsesorten (wie z. B. Salatgurke, Radieschen …) bevorzugen. Die Sauce mit Knoblauch verfeinern.
Der Vital-Burger liefert wertvolle Vitamine sowie Mineral- und Ballaststoffe.

Blumenbrötchen

Zutaten

für ca. 15 Stück

200 g Weizenvollkornmehl
200 g Weizenmehl, glatt
2 EL Leinsamen
¼ TL Salz
1 Pkg. Trockengerm
(Trockenhefe)

ca. 300 ml lauwarume Milch
(1,5 %)

ZUM BESTREUEN:
Mohn
Sesam
Sonnenblumenkerne

1. Beide Mehlsorten, Leinsamen, Salz und Trockengerm in einer Rührschüssel vermengen.
2. Lauwarme Milch dazugeben und mit dem Mixer (Knethaken) zu einem gleichmäßig, glatten Teig verkneten.
3. Zugedeckt an einem warmen Ort ca. 25 Min. gehen lassen. Teig auf dem Nudelbrett nochmals mit den Händen durchkneten und in 15 gleichgroße Stücke teilen.
4. Aus dem Teig Bälle formen. Teigoberfläche mit einem Apfelteiler eindrücken. Mit lauwarmem Wasser bepinseln und mit den ausgewählten Samen oder Kernen bestreuen.
5. Nochmals ca. 25 Min. gehen lassen.
6. Backrohr auf 190 °C Heißluft vorheizen. Brötchen ca. 15 Min. backen. Auf einem Gitter vollständig auskühlen lassen.

Tipp

1–2 EL Brotgewürzmischung zum Teig geben. Aus dem Teig können auch Weckerln, Stangerln oder Brottiere geformt werden. Die Blumenbrötchen auf Vorrat backen, denn sie eignen sich gut zum Tieffrieren.

Fitnessbrötchen

Zutaten

für ca. 16 Stück

350 ml Milch
2 EL Kristallzucker
1 Würfel Germ (Hefe)

350 g Weizenvollkornmehl
150 g Haferflocken, fein
50 g Nüsse, grob gehackt
(z. B. Walnüsse)
2 EL Rosinen, gewaschen
2 EL Sesam
¼ – ½ TL Salz

1. Milch LAUWARM erwärmen. Zucker und Germ dazugeben und mit einer Schneerute alles gut versprudeln (= verquirlen).
2. Alle anderen Zutaten von Mehl bis Salz in einer Rührschüssel gut vermischen. Versprudelte Flüssigkeit dazu schütten. Masse mit einem Holzkochlöffel gut vermengen.
3. Mit dem Mixer (Knethaken) ca. 5 Min. zu einer gleichmäßigen Masse verkneten. Teig leicht mit Mehl bestreuen und mit einem Geschirrtuch abdecken. An einem warmen Ort ca. 25–30 Min. gehen lassen.
4. Backblech mit Backtrennpapier auslegen. Teigmasse in 16 Stücke teilen. Weckerln formen, auf Backblech legen und nochmals zugedeckt ca. 15 Min. gehen lassen.
5. Backrohr auf 180 °C Heißluft vorheizen. Weckerln mit lauwarmem Wasser bestreichen.
6. Ca. 20 Min. backen und auf einem Gitter vollständig auskühlen lassen.

Tipp

Die Fitnessbrötchen sind gut zum Tieffrieren geeignet und können daher auf Vorrat gebacken werden. Durch die Zugabe von Rosinen schmecken die Brötchen leicht süßlich. Wer keine Rosinen mag, lässt diese einfach weg und gibt etwas mehr Salz zum Teig.

Sesam-Grissini

Zutaten

für ca. 25 Stück

250 g Weizenvollkornmehl
(oder die Hälfte davon
glattes Weizenmehl)
2 EL Weizengrieß
2 EL Sesam
½ TL Salz
½ Pkg. Trockengerm (-hefe)
¼ TL Kristallzucker

ca. 200 ml lauwarmes Wasser
2 EL Olivenöl

ZUM BESTREICHEN/
BESTREUEN:
1 Eiklar, versprudelt (verquirlt)
Sesam

1. Alle Zutaten von Weizenvollkornmehl bis Kristallzucker in eine Rührschüssel geben und gut vermischen.
2. Lauwarmes Wasser und Olivenöl hinzufügen. Mit dem Mixer (Knethaken) zu einem glatten Teig verkneten.
3. Teig zudecken und an einem warmen Ort ca. 25 Min. gehen lassen. Backblech mit Backtrennpapier auslegen.
4. Gegangenen Teig auf dem Nudelbrett nochmals mit den Händen durchkneten. Teig in 25 Stücke teilen. Daraus lange, fingerdicke Stangen formen und aufs Blech legen.
5. Backrohr auf 200 °C Heißluft vorheizen. Stangen mit versprudeltem Eiklar bestreichen und mit Sesam bestreuen.
   Ca. 10–12 Min. backen und am Blech auskühlen lassen. Danach nochmals 2–3 Min. bei gleicher Temperatur backen.

Tipp

Durch das nochmalige Backen werden die Grissini knusprig. Selbstgemachte Grissini sind eine gute Alternative zu Knabbergebäck, das meist sehr fetthaltig ist. Sie passen gut zu Rohkost mit Dip oder zu Topfenaufstrichen.

Zusätzlich zu den Grissini noch kleine Überraschungen, beispielsweise ein paar Nüsse, frisches Obst, knackiges Gemüse oder ein paar Käsestücke, in die Jausenbox packen.

Brottiere

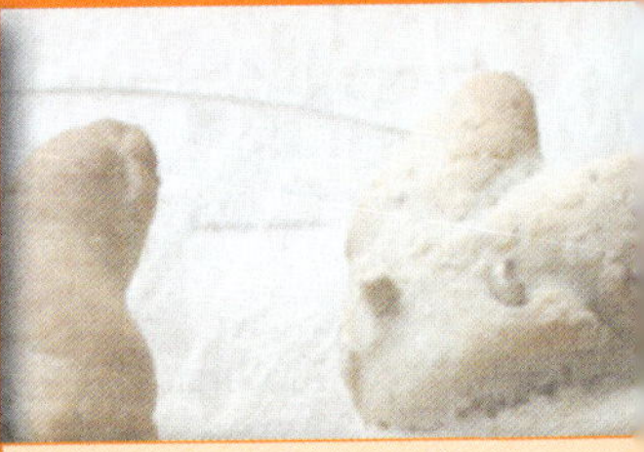

Zutaten

für 1 Blech

300 g Weizenmehl, glatt oder griffig
200 g Weizenvollkornmehl
1 Pkg. Trockengerm (-hefe)
1 TL Zucker

1 TL Salz
1–2 EL Gewürze (Kümmel, Koriander, Anis …) oder Brotgewürzmischung
6 EL Öl
300 ml lauwarmes Wasser

ZUM BESTREICHEN:
1 Eiklar
2 EL Wasser

ZUM BESTREUEN:
Kümmel, Sesam, Mohn, Sonnenblumenkerne …

1. Beide Mehlsorten, Trockengerm und Zucker in einer Rührschüssel gut vermischen. Salz und Gewürze hinzufügen. Öl und lauwarmes Wasser dazuschütten.
2. Alles gut mit einem Holzkochlöffel vermengen und so lange abschlagen (Kochlöffel oder Knethaken des Mixers benutzen), bis ein glatter Teig entsteht. Teig mit einem Geschirrtuch abdecken und an einem warmen Ort ca. 25–30 Min. gehen lassen. Backblech mit Backtrennpapier auslegen.
3. Teig portionieren und verschiedene Tiere formen. Brottiere aufs Backblech legen. Nochmals ca. 15 Min. gehen lassen.
4. Backrohr auf 180 °C Heißluft vorheizen. Eiklar mit Wasser versprudeln (= verquirlen) und die Tiere damit bestreichen. Brottiere mit verschiedenen Gewürzen bestreuen. Ca. 10–20 Min. backen und auf einem Gitter auskühlen lassen.

Tipp

Die Backzeit richtet sich nach Größe bzw. Dicke der geformten Brottiere.

Jedes Gebäck aus Vollkornmehl kann auch aus Dinkelvollkornmehl zubereitet werden. Zur geschmacklichen Eingewöhnung können die Mehle am Anfang auch gemischt werden (z. B. ½ Vollkornmehl und ½ Auszugsmehl).

Süße Igel

Zutaten

für ca. 16 Stück

250 g Magertopfen (Magerquark)
2 EL Milch
2 Eier
⅛ Liter Sonnenblumenöl
4 EL Kristallzucker
1 Pkg. Vanillezucker

400 g Weizenmehl
1 Prise Salz
1 Backpulver (Weinsteinbackpulver)
Rosinen für die Augen

1. Backblech mit Backtrennpapier auslegen. Backrohr auf 180 °C Heißluft vorheizen.
2. Magertopfen, Milch, Eier, Öl, Kristall- und Vanillezucker in eine Rührschüssel geben und gut verrühren (Schneebesen oder Mixer).
3. Weizenmehl, Salz und Backpulver vermischen. Nach und nach dazugeben und alles gut vermengen (Holzkochlöffel oder Mixer mit Knethaken benutzen).
4. Masse auf ein bemehltes Nudelbrett geben und in ca. 16 gleich große Stücke teilen. Teig zu Igeln formen. Rosinen als Augen eindrücken, mit einer Haushaltsschere die Stacheln einschneiden.
5. Ca. 20 Min. backen. Auf einem Gitter auskühlen lassen.

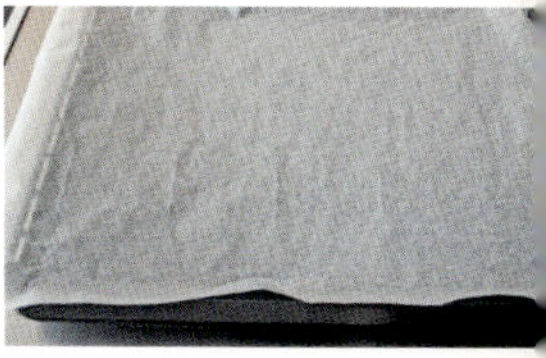

Tipp

Rosinen tief in den Teig drücken, damit sie beim Backen nicht verbrennen. Aus der Teigmasse können auch Weckerln, Brötchen oder andere Tiere geformt werden.

Zum süßen Igel sollte frisches Obst und/oder ein Glas Milch gereicht werden.

Energiebälle

Zutaten

für ca. 40 Stück

250 ml Apfel- oder Orangensaft
50 g Maismehl
50 g Weizenvollkornmehl

1 Pkg. Vanillezucker
1 EL Honig
1 EL Zitronensaft
2 Msp. Zimt
2 Msp. Anis
1 Prise Salz

100 g Trockenfrüchte (z. B. Feigen, Marillen, Datteln, Rosinen, …)
80 g Mandeln, gemahlen
80 g Mandeln, gehackt
40 g Kokosflocken

ZUM WÄLZEN:
Kokosflocken oder geriebene Nüsse
ca. 40 kleine Konfektkapseln

1. Apfel- oder Orangensaft mit Mais- und Weizenvollkornmehl in einem kleinen Kochtopf gut vermischen. Unter Rühren 1–2 Min. aufkochen lassen, bis die Masse dicklich wird. Masse vom Herd nehmen und ausquellen lassen.
2. Vanillezucker, Honig, Zitronensaft, Zimt, Anis und Salz zur ausgekühlten Masse geben.
3. Trockenfrüchte kleinwürfelig schneiden und dazugeben. Gemahlene und gehackte Mandeln sowie die Kokosflocken hinzufügen. Alles zu einer gleichmäßigen Masse verrühren.
4. Kleine Kugeln formen und diese in Kokosflocken oder geriebenen Nüssen wälzen. Bällchen in die Konfektkapseln setzen.

Tipp

Entweder nur eine Trockenfrucht nehmen oder nach Geschmack mischen. Mandeln können durch Haseloder Walnüsse ersetzt werden. Die Bällchen liefern Energie bei Sport und Spiel und können einige Tage im Kühlschrank aufbewahrt werden.

Haferflockenmüsli

Zutaten

für 1 Portion (1–2 Kinder)

2 EL Haferflocken
2–3 EL Wasser

1 EL Rosinen
1 EL Nüsse
½ kleiner Apfel
(oder ½ Banane)
1 EL Honig

¼ Liter Naturjogurt

ZUM GARNIEREN:
Apfelscheiben
Nüsse oder/und Rosinen

1. Haferflocken und Wasser in eine kleine Glas oder Porzellanschüssel geben und 10 Min. quellen (= rasten) lassen.
2. Rosinen in einem kleinen Sieb waschen, abtropfen lassen und dazugeben.
3. Nüsse grob hacken und untermischen.
4. Apfel waschen, trocknen und halbieren. Kerngehäuse mit einem Schrägschnitt entfernen und die Hälfte des Apfels in kleine Würfel schneiden. Apfelstücke, Honig und Jogurt dazugeben und alles vermengen.
5. Haferflockenmüsli nach Belieben mit Apfelspalten, Nüssen und/oder Rosinen dekorieren und gleich servieren.

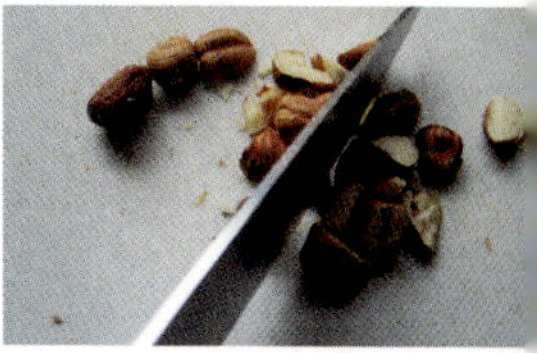

Tipp

Müsli wird gerne zum Frühstück gegessen. Es eignet sich aber auch als ideale Zwischenmahlzeit bei Sport und Spiel. Obstsorten je nach Saison und Nüsse je nach Vorliebe wählen.

Haferflockenschnitten

Zutaten

für 1 Blech

250 g grobe Haferflocken
¼ Liter lauwarmes Wasser
3 EL Sonnenblumenöl

100 g Nüsse
100 g Trockenfrüchte
(Marillen, Rosinen …)

4 Eier
1 Prise Salz
80 g Kristallzucker

1 Pkg. Vanillezucker
80 g Weizenmehl
(Vollkornmehl)

1. Haferflocken mit Wasser und Öl vermischen und einige Minuten stehen lassen.
2. Backblech mit Backtrennpapier auslegen. Backrohr auf 180 °C Heißluft vorheizen.
3. Nüsse grob hacken, Trockenfrüchte kleinwürfelig schneiden und zu den Haferflocken geben.
4. Eier trennen. Dotter zu den Haferflocken geben. Eiklar mit Salz und Kristallzucker zu steifem Schnee schlagen.
5. Vanillezucker und Weizenmehl zu den Haferflocken geben und untermischen. Zuletzt den Schnee locker unterheben.
6. Masse gleichmäßig aufs Blech streichen. Ca. 15–20 Min. backen.
7. Mit einem scharfen Messer in gleichmäßige Schnitten teilen und auskühlen lassen.

Tipp

Nüsse und Trockenfrüchte nach persönlichen Vorlieben auswählen. Getreidespeisen langsam essen und gut kauen.

Viele Kinder mögen keine Rosinen, daher ggf. durch andere klein gehackte Trockenfrüchte ersetzen. Es wäre schade, wenn wertvolle Zwischenmahlzeiten nur wegen der Rosinen nicht gegessen würden.

Hirsespeise

Zutaten

für 6–8 Kinder

100 g Hirse
gut ¼ Liter Milch
1 Prise Salz
1 EL Zucker
½ Pkg. Vanillezucker

2 EL Rosinen
1–2 Äpfel (ca. 200 g)
2 EL Nüsse
2 EL Honig
Zimt
½ Pkg. Vanillezucker
200 ml Naturjogurt

ZUM GARNIEREN:
Obst der Saison
Nüsse/Mandeln

1. Hirse in ein feines Sieb geben, mit heißem Wasser gründlich abschwemmen und gut abtropfen lassen.
2. Milch, Salz, Zucker und Vanillezucker aufkochen. Hirse hineinschütten und auf kleiner Stufe ca. 30 Min. ausquellen (Deckel schließen!). Hirsebrei umschütten und auskühlen lassen.
3. Rosinen und Apfel gründlich waschen. Apfel grob raspeln und beides zur Hirsemasse geben.
4. Nüsse grob hacken und zusammen mit Honig, Zimt und Vanillezucker dazugeben.
5. Jogurt hinzufügen und alles gut vermischen. Hirsepeise anrichten und mit Obststückchen und/oder Nüssen garnieren.

Tipp

Hirse ist ein wertvoller Mineralstofflieferant und kann sehr vielseitig zubereitet werden. Zusätzlich oder anstelle von Jogurt kann ⅛ Liter geschlagenes Obers (Schlagsahne) untergemischt werden.

Zwischengerichte mit Obst und/oder Trockenfrüchten sollten nur sparsam gesüßt werden, denn oft genügt der Zucker, der in den Früchten von Natur aus enthalten ist.

Kernige Nusstaler/ Nussstangen

Zutaten

für 1 Blech (ca. 40 Stück)

80 g Haselnüsse,
ganz oder grob gehackt
80 g Walnüsse,
ganz oder grob gehackt
40 g Mandeln,
ganz oder grob gehackt
2 EL Sesam
50 g Sonnenblumenkerne
40 g Leinsamen
160 g kernige Haferflocken
240 g Marillenmarmelade
(Aprikosemarmelade)
2 EL Öl

1. Alle Zutaten (von den Nüssen bis zum Öl) in eine Rührschüssel geben und gut vermischen.
2. Backblech mit Backtrennpapier auslegen. Backrohr auf 180 °C Heißluft vorheizen.
3. Einen kleinen Kreisausstecher (ca. 4,5 cm Durchmesser) auf das Blech legen und einen gehäuften Löffel Müslimasse einfüllen. Gleichmäßig im Ausstecher verteilen und die Masse fest niederdrücken. Ausstecher abheben und weitere Scheiben auf das Blech setzen. Ausstecher zwischendurch reinigen, damit die Taler beim Abheben der Form nicht zerfallen.
4. Ca. 15–20 Min. backen. Auf einem Gitter vollständig auskühlen lassen.

Tipp

Anstelle von Marillenmarmelade kann auch die entsprechende Menge Honig genommen werden. Wer möchte, kann noch 2–3 EL gewaschene Rosinen untermengen.

Nussstangen statt Nusstaler: Die Masse auf das Blech geben, glatt streichen und mit nassen Händen festdrücken. Ca. 20 Min. backen. Gleich danach mit einem scharfen Messer in Streifen schneiden und die Stangen auf einem Gitter auskühlen lassen.

Müslischeiben/ Müslischnitten

Zutaten

für ca. 25 Stück (1 Blech)

50 g Butter
250 g Früchtemüsli (ohne Zuckerzusatz)
2 Eier
3 EL Vollzucker (aus Zuckerrüben)
½ Pkg. Vanillezucker
½ TL Backpulver
3 EL geriebene Nüsse (Walnüsse)

1. Butter in einem kleinen Kochtopf bei geringer Hitze zergehen lassen. Müslimischung darin anrösten. Masse überkühlen (= etwas auskühlen) lassen.
2. Alle Zutaten in einer Rührschüssel gut vermischen. Backblech mit Backtrennpapier auslegen. Backrohr auf 180 °C Heißluft vorheizen.
3. Einen kleinen, runden Kreisausstecher (4 bis 5 cm Durchmesser) auf das Blech legen, einen Esslöffel Müslimasse einfüllen, gleichmäßig verteilen und fest niederdrücken. Ausstecher abheben und weitere Scheiben auf das Blech setzen. Bei Bedarf den Ausstecher zwischendurch reinigen, damit die Masse nicht kleben bleibt.
4. Ca. 10 Min. backen. Auf einem Gitter vollständig auskühlen lassen.

Tipp

Für Müslischnitten die Masse auf ein mit Backtrennpapier ausgelegtes Blech streichen und mit dem Nudelwalker niederdrücken. Ca. 15 Min. backen und noch heiß mit einem scharfen Messer in Schnitten teilen.

Pikante Ampelbrote

Zutaten

für 2 Brote
(8 kleine Ampelbrote)

2 Scheiben Roggenvollkornbrot
2–3 EL Frischkäse oder Magertopfen (Magerquark)
Kräutersalz

½ rote Paprika
½ gelbe Paprika
½ grüne Paprika

1. Brote gleichmäßig mit Frischkäse oder Magertopfen bestreichen und mit etwas Kräutersalz bestreuen. Brote vierteln.
2. Paprikas waschen und mit einem Geschirrtuch trocknen. Mit kleinem Ausstecher Kreise ausstechen und nach den Ampelfarben auf die Brote legen.

Tipp

Übrig gebliebene Paprikastücke kleinwürfelig schneiden.
Mit Hilfe des Ausstechers auf den Broten zu Kreisen anordnen. Die pikanten Ampelbrote lassen sich aus verschiedenen Gemüsesorten wie Tomaten, Karotten, Zucchini oder Gurken zubereiten.

Süße Ampelbrote

Zutaten

für 2 Brote
(8 kleine Ampelbrote)

2 Scheiben Roggenvollkorn-
brot
2–3 EL Frischkäse oder
Magertopfen (Magerquark)
1–2 EL Honig oder Ahorn-
sirup

2 große Erdbeeren
½ Banane
1 Kiwi

1. Brote gleichmäßig mit Frischkäse oder Magertopfen bestreichen und mit etwas Honig oder Ahornsirup beträufeln. Brote vierteln.
2. Erdbeeren waschen und gut abtropfen lassen. Banane und Kiwi schälen (z. B. mit Sparschäler). Obst in Scheiben schneiden und in den Ampelfarben auf die Brote legen.

Tipp

Wenn die Brote nicht gleich gegessen werden, die Bananenscheiben mit etwas Zitronensaft beträufeln oder durch andere gelbe Obstsorten ersetzen.

Kinder sollen nicht zum Aufessen gezwungen werden und sie hören lieber Alternativen als Verbote. Sie essen gerne in Gesellschaft und lieben eine angenehme Tischatmosphäre.

Radieschen-Fisch

Zutaten

für 4 Brote

4 Scheiben Schwarzbrot
50 g Butter/Margarine/
Frischkäse oder Magertopfen
(Magerquark)

1 gelbe Paprika
¼ Salatgurke oder Zucchini
1 Bund Radieschen
etwas Kräutersalz

FÜR DIE AUGEN:
4 Kürbis- oder Sonnen-
blumenkerne

1. Brotscheiben mit dem gewählten Belag gleichmäßig bestreichen.
2. Gelbe Paprika waschen, trocknen und in Dreiecke schneiden (= Flossen).
3. Aus der Gurkenscheibe ca. ⅛ herausschneiden (= Maul).
4. Radieschen waschen, gut abtropfen lassen und in Scheiben schneiden.
5. Radieschenscheiben auf das bestrichene Brot legen. Mit den restlichen Zutaten den Haifisch „kreieren". Bei Bedarf mit etwas Kräutersalz bestreuen.

Tipp

Anstelle der Radieschenscheiben können Gurken- oder Zucchinischeiben aufgelegt werden. Kopf und Flossen mit andersfarbigem Gemüse auflegen. Bei mehreren Broten kann auf diese Art ein „farbenfrohes Aquarium" mit verschiedenen Gemüsehaifischen entstehen. Erlaubt ist jegliches Gemüse, das Saison hat und den Kindern schmeckt.

Lustige Brotgesichter

Zutaten

für 4 Brote

4 Scheiben Schwarzbrot oder Vollkorntoastbrot

ZUM BESTREICHEN:
Butter, Margarine, Frischkäse oder Topfenaufstrich (Quarkaufstrich)

4 Scheiben magere Wurst oder Schinken
4 Scheiben Käse

ZUM GARNIEREN:
Je nach Belieben Paprika, Karotten, Gurken, kleine Tomaten, Salatblätter, Vogerlsalat, Schnittlauch …

1. Brote dünn mit Butter, Margarine oder Frischkäse bestreichen. Mit Wurst und/oder Käse belegen oder Brote nur mit Topfenaufstrich bestreichen.
2. Gemüse und Kräuter gründlich waschen und trocknen. Je nach „Gesichtsteil" beliebig zuschneiden und auf die Brote legen.

Tipp

Selbst Gemüsemuffel können bei diesen Brotgesichtern nur schwer widerstehen und essen alles im wahrsten Sinn des Wortes „mit Haut und Haaren" auf. Bei der Auswahl von Wurst und Käse für das Jausenbrot magere Sorten (z. B. Schinken statt Extrawurst) bevorzugen.

Auch eine Gemüsepizza als Gesicht verziert steht bei kleineren Kindern hoch im Kurs.

Italienische Schlange

Zutaten

für 1 Schlange (4–6 Kinder)

1 kleinere Salatgurke
2 Tomaten
200–250 g Mozzarella
1 kleines Stück Karotte
Kräutersalz

ZUM BETRÄUFELN:
1–2 EL Olivenöl
1–2 EL Balsamico-Essig

1. Gurke und Tomaten gründlich waschen und trocknen.
2. Von der Gurke ein größeres Stück für den Kopf abschneiden. Restliche Gurke sowie die Tomaten (Stängelansatz entfernen) und den Mozzarella in Scheiben schneiden.
3. Gemüse und Käse zu einer Schlange auflegen und garnieren.
4. Aus der Karotte eine Zunge sowie Augen schneiden und den Kopf dekorieren.
5. Mit etwas Kräutersalz bestreuen und eventuell mit etwas Öl und Essig beträufeln.

Tipp

Frischer Basilikum sowie Brot/ Gebäck passen hervorragend zu diesem „Schlangentyp“.

Beeren-Energie-Drink

Zutaten

für 4 Gläser

250 g Beeren
(eine Sorte oder gemischt)
250 g Naturjogurt
½ Pkg. Vanillezucker, 1 EL Honig
1–2 EL Haferflocken, fein
gut ⅛ Liter Milch (evtl. Magermilch)

1. Beeren waschen und gut abtropfen lassen.
2. Alle Zutaten in einem Mixbecher gründlich mixen.
3. Anrichten und gleich servieren oder bis zum Trinken in den Kühlschrank stellen.

Jogurt-Vitamin-Drink

Zutaten

für 6 Gläser

500 g Naturjogurt
½ Liter Obstsaft
(Pfirsich-, Marillen-, Mangosaft)
oder Multivitaminsaft
evtl. ½ Pkg. Vanillezucker

1. Naturjogurt und Obstsaft in einen Krug schütten. Vanillezucker hinzufügen und mit einer Schneerute alles gut verrühren.
2. Bis zum Trinken kalt stellen oder in Gläsern anrichten und gleich servieren.

Oranger Smoothie (Obst-Gemüse-Drink)

Zutaten

für 4 Gläser

2 süße Äpfel
1 mittelgroße Karotte
1 große Orange
ca. 200 ml Wasser (oder Mineralwasser)

1. Äpfel und Karotte gründlich waschen. Kerngehäuse der Äpfel entfernen. Äpfel und Karotte in grobe Stücke schneiden.
2. Orange schälen und in Spalten teilen.
3. Alle drei Zutaten in einen Mixbecher oder ein Mixglas geben und die Hälfte vom Wasser dazu schütten. Alles so lange vermixen bis ein sämiger Smoothie entsteht. Bei Bedarf noch Wasser dazugeben und nochmals durchmixen.

Roter Smoothie (Obst-Drink)

Zutaten

für 4 Gläser

100 g Heidelbeeren
100 g Himbeeren
200 g Erdbeeren
1 Banane
ca. ½ Liter Wasser (oder Mineralwasser)

1. Beeren gründlich waschen und abtropfen lassen. Banane schälen.
2. Alle Obstsorten in einem Mixbecher gut vermixen. Wasser nach Bedarf hinzufügen und noch einmal durchmixen.

Hagebutten-Eistee

Zutaten

für 4–6 Gläser

½ Liter Wasser
3–5 Beutel Hagebuttentee
½ Liter schwarzer Johannisbeersaft
Saft von einer ½ Zitrone
¼ Liter Wasser
Eiswürfel (Vorsicht bei Kleinkindern!)
Zucker nach Bedarf

1. Wasser zum Kochen bringen und Kochtopf von der Hitze nehmen. Teebeutel einhängen und 5 Min. ziehen lassen. Hagebuttentee auskühlen lassen.
2. Kalten Hagebuttentee mit Johannisbeer- und Zitronensaft sowie Wasser vermischen. Nur bei Bedarf mit etwas Zucker nachsüßen. Eiswürfel vor dem Servieren dazugeben.

Apfel-Eistee

Zutaten

für 4–6 Gläser

½ Liter Wasser
3–5 Beutel Apfeltee
½ Liter Apfelsaft, naturtrüb
Saft von einer ½ Zitrone
¼ Liter Wasser
Eiswürfel (Vorsicht bei Kleinkindern!)
Zucker nach Bedarf

1. Wasser zum Kochen bringen und Kochtopf von der Hitze nehmen. Teebeutel einhängen und 5 Min. ziehen lassen. Apfeltee auskühlen lassen.
2. Kalten Apfeltee mit Apfel- und Zitronensaft sowie Wasser vermischen. Nur bei Bedarf mit etwas Zucker nachsüßen. Eiswürfel vor dem Servieren dazugeben.

Jogurt-Topfen-Speise mit Früchten

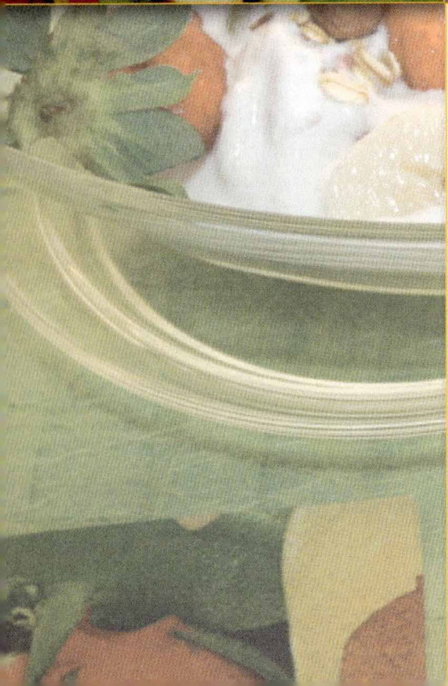

Zutaten

für 6–8 Kinder

½ Liter Naturjogurt oder Magerjogurt
250 g Magertopfen (Magerquark)
1 EL Zitronensaft
1–2 EL Honig oder Vollzucker
½ Pkg. Vanillezucker

400 g Obst der Saison

ZUM GARNIEREN:
2–3 EL Hafer- oder Müsliflocken
einige Nüsse

1. Jogurt, Topfen, Zitronensaft, Honig und Vanillezucker in einer Schüssel gut vermischen.
2. Obst gründlich waschen und trocknen. Einige Früchte zum Verzieren zur Seite legen.
3. Obst je nach Sorte zerkleinern oder würfelig schneiden und unter die Jogurt-Topfen-Masse mischen.
4. Jogurt-Topfen-Speise anrichten, garnieren und gleich servieren.

Tipp

Entweder eine Sorte Obst nehmen oder mehrere Sorten mischen. Obst aus biologischem Anbau der Region bevorzugen. Frische Beerenfrüchte aus dem eigenen Garten oder aus dem Wald geben dieser Speise eine besondere Note.

Obstclown

Zutaten

für 2 Kinder

1 Apfel
4 Zwetschken
1 Banane

evtl. etwas Zitronensaft
4 EL Natur- oder Mager-jogurt

4 Zahnstocher oder Partyspieße

1. Apfel und Zwetschken gründlich waschen und trocknen.
2. Apfel mit dem Apfelteiler teilen oder mit dem Messer halbieren und das Kerngehäuse entfernen. Eine Apfelhälfte am Teller anordnen.
3. Zwetschke halbieren, Kern entfernen und die Hälften als Augen verwenden.
4. Banane schälen, der Länge nach durchschneiden und als Mund auflegen.
5. Restliches Obst würfelig schneiden und auf die Spieße stecken. Spieße als Haare anordnen.
6. Je zwei Löffel Jogurt für die Wangen auf den Teller geben. Obstclown gleich zu Tisch bringen und „verschmausen".

Tipp

Je nach Jahreszeit beliebige Obstsorten auswählen und lustige Obstclowns gestalten. Für rote Wangen kann z. B. Erdbeermus verwendet werden.

Damit das Obst nicht braun wird, kann es mit etwas Zitronensaft beträufelt werden. Aber aufpassen, dann wird es für viele Kinder zu sauer und die Versuchung, nachzuzuckern, ist groß! Daher das Obst erst kurz vor der Jause aufschneiden, so bleibt es bis zum Auftischen frisch.

Bananenkuchen

Zutaten

für 1 Kastenform (26 cm)

150 g Butter oder Margarine
120 g Zucker (Vollzucker aus Zuckerrüben)
2 Eier
1 Pkg. Vanillezucker

3 reife Bananen

100 g geriebene Haselnüsse
1 Prise Salz
2 Prisen Zimt, gemahlen
⅛ Liter Milch

250 g Weizenvollkornmehl
1 Pkg. Backpulver
(Weinsteinbackpulver)

1. Kastenform mit Backtrennpapier auslegen oder gut befetten und bemehlen. Backrohr auf 160 °C Heißluft vorheizen.
2. Butter oder Margarine flaumig rühren. Zucker, Eier und Vanillezucker dazugeben und schaumig rühren.
3. Bananen schälen und auf einem Teller mit einer Gabel zerdrücken.
4. Haselnüsse, Salz, Zimt, Milch und Bananen dazugeben und gut verrühren.
5. Mehl mit Backpulver gut vermischen und zum Schluss unterrühren.
6. Masse in die Form füllen, glatt streichen und ca. 50–60 Min. backen (Nadelprobe machen!). Aus der Form nehmen und auf einem Gitter auskühlen lassen.

Tipp

Der Kuchen schmeckt am zweiten Tag, wegen der saftigen Bananen, noch besser.

Selbstgebackene Mehlspeisen bereiten nicht nur Großen, sondern auch Kleinen immer eine Freude und sind eine willkommene Abwechslung für die gesunde Jause. Wird Kuchen im Kindergarten oder in der Schule nicht gewünscht, so sollte man sich daran halten und diesen Gaumenkitzel lieber einmal im Familienkreis anbieten.

Vollkorn-Obstkuchen

Zutaten

für 1 Blech

¾ bis 1 kg Obst der Saison
(z. B. Birnen, Äpfel,
Zwetschken, Marillen)
150 g weiche Butter
150 g Staubzucker
1 Pkg. Vanillezucker
Schale von ½ Zitrone,
unbehandelt
5 Eier

350 g Weizenvollkornmehl
50 g geriebene Nüsse
1 Pkg. Backpulver
(Weinsteinbackpulver)

½ Liter Milch
(oder Birnensaft)

ZUM BESTREICHEN:
6 EL Birnensaft
3 EL Honig
4 EL gehackte Walnüsse

1. Obst gründlich waschen und für den Belag vorbereiten (bei Birnen und Äpfel das Kerngehäuse entfernen und in Spalten schneiden).
2. Backblech mit Backtrennpapier auslegen. Backrohr muss nicht vorgeheizt werden!
3. Weiche Butter flaumig rühren. Staub- und Vanillezucker sowie geriebene Zitronenschale hinzufügen. Eier nach und nach einrühren.
4. Mehl, Nüsse und Backpulver vermischen und mit der Milch zur Butter-Eier-Masse geben. Alle Zutaten so lange rühren, bis der Teig eine gleichmäßige Konsistenz hat.
5. Masse aufs Blech streichen und mit Obst belegen. Backrohr auf 170 °C einschalten, das Blech ins Rohr schieben und ca. 40 Min. backen (Nadelprobe machen!).
6. Birnensaft mit Honig mischen und den warmen Kuchen damit bestreichen. Kuchen mit gehackten Nüssen bestreuen und auskühlen lassen.

Tipp

Je nach Belieben den Teig mit Dinkelvollkornmehl zubereiten. Den Obstkuchen nach dem Backen anstelle von Birnensaft mit 100 g erwärmter Marillenmarmelade, die mit etwas Honig abgeschmeckt wurde, bestreichen.

Außerhalb der Zwetschken- und Marillensaison den Kuchen mit gefrorenem Obst belegen. Dabei erhöht sich die Backzeit um 10–15 Min.

Meine Rezepte

Zutaten

Meine Rezepte

Zutaten

Inhaltsverzeichnis

Pausenbrot, Aufstrich, Weckerl & Co

Allerlei aus Getreide, Kernen & Samen

Fröhliches für Kinderfeste

Fruchtiges für Naschkatzen